Fidéline Dujeu

Coquillages

Roman

Éditions du Somnambule Équivoque
Collection Fulgurances

Direction littéraire : Philippe Bachy

Conception graphique © The Factory
Design cover : Julie Kervégan
Design intérieur : Julie Kervégan & Mariam Zaldastanishvili
Photographie (cover) : © Isabelle Collet
Photographie (quatrième de cover) : © Samuel Nicolaï

Site internet : www.lesomnambule.be
Mail de l'éditeur : info@lesomnambule.be
Site internet de l'auteur : www.fideline-dujeu.net
Mail de l'auteur : fideline.dujeu@lesomnambule.be

À André, Stéphanie, Isabelle et Geoffrey,
mes premiers lecteurs, pour leur patience,
leurs encouragements, leur tendresse...

« Elle disait : "fallait que je m'en aille "
Elle disait : " tout me fait mal dedans "
J'ai brûlé mon cœur de paille
Avec les feux de la Saint-Jean
Je lui aurais bien parlé pourtant. »

William Sheller ***Moondown***
Les Machines absurdes

Préface

Voir l'être humain par-delà ses blessures

Écrire. Une préface. Pour Fidéline Dujeu. Pour ce premier roman, *Coquillages*. Ajouter des mots aux mots ? Construire une analyse littéraire ? Ou, comme elle, rompre un peu le silence avec des bribes, des tesselles ? Poser çà et là une réflexion comme, sur le sable, deux enfants posent des coquillages ?

Ce n'est pas un pseudo. Non. Elle s'appelle bien Fidéline. Dujeu. Elle porte en son nom, de toute éternité, ces racines qui évoquent l'amour et ses joutes, ses marivaudages : du jeu, comme dans le titre d'anciennes comédies. Jeu de l'amour et de... la fidélité ? Ou de, forcément, son contraire, jusqu'en ce prénom dont l'anagramme se lirait «infidèle». Jeu, oui. De l'écriture. De l'imaginaire. Des rapports humains. «Jeu», comme, entre les pièces d'une machine, il faut du jeu pour éviter que ça coince, que ça grippe, que ça explose.

« Un soir. Tous les deux dans l'appartement. Une bouteille de bordeaux. » Il y a, chez Fidéline Dujeu, de la brièveté du haïku. Moments perçus, happés, ébauchés comme, par le photographe « de guerre », ces bribes de vie captées par le déclenchement de l'obturateur. Morceaux de conscience assemblés en puzzle, cousus en patchwork. Comme, sur le sable, assemblé par d'autres mains, ce mandala de coquillages.

VAKO. C'est le nom donné à une grille d'analyse portant sur différents systèmes de représentation du réel qui, paraît-il, distingueraient les êtres. Humains. V comme «visuels», A comme «auditifs», K comme «kinesthésiques», O comme «olfactifs». Nous serions dominés par notre vue, notre ouïe, notre toucher ou encore, conjointement, notre odorat et notre goût. Rien de tout ça chez Fidéline Dujeu. Ou plutôt tout ça. Ensemble. Un visuel terriblement présent: photo, peinture, puzzle, tout passe par la vue, tout est filtré par un regard: « Son regard l'excitait, le regard d'un peintre. » Un auditif toujours à l'affût, de la plainte au cri, du cri au hurlement, sans oublier le rire: « J'ai ri, aussi, les yeux dans les siens. Le rire s'est épuisé, mais pas le regard. » Kinesthésie. Toucher. Corps enlacés, interpénétrés, comme soumis à l'érosion, comme abrasés par le sable. « Mourir étouffé entre ses seins, entre ses cuisses qui m'enserrent. » Corps pénéplanés. Peaux blessées, brûlées. Entre plaisir et souffrance, toujours. Pas de place pour la paix. Odorat et goût, enfin. Dans l'amour, aussi; dans l'offrande: « Il a dévoré ma peau. Plateau de fruits exotiques. » L'écriture de Fidéline Dujeu: l'empire des sens.

Et puis, encore, en vrac: générations reflets. Comme si les mères toujours donnaient naissance au même. Comme si, faute de pouvoir être des mères impassibles et consolantes, toujours elles sortaient de leurs ventres blessés des filles porteuses du même germe, du même mal. Folie. Héréditaire? D'aucuns parleraient de karma pour dire cet éternel retour du même: maladie, mort, dérèglement, blessures. Dans l'âme, dans la peau, dans la chair, dans le sexe. Tout ça gravé. Tout ça indélébile. Cicatrices. Tout le contraire de la plage heureuse où s'efface, sous la musique régulière du ressac, un éphémère dessin de coquillages. Elle fait – c'est elle qui le dit – des enfants et des livres. Est-ce pour permettre à ses enfants d'être heureux que ses livres sont malheureux ? Est-ce pour mettre la vie à l'abri du malheur qu'elle explore si profond le malheur dans *Guère d'homme, L'île-berceau* ou dans ce livre-ci, le premier, qui porte en germe tout le chapelet des autres ? Ce roman, *Coquillages,* né d'une vie comme la perle naît d'une huître blessée par un grain de sable.

Daniel CHARNEUX

Un : Renaud et Chloé

C'était un après-midi d'automne. Sur la plage. Novembre. Le froid piquant mais le soleil. Le jour qui tombe et la lumière. Gris, orange. Je garde ces couleurs en moi. Elle, le gris, l'orange.

Je me promenais, mon appareil en bandoulière. J'étais en vacances. Une pause. J'avais loué un appartement avec vue sur mer. En cette saison, la plage était déserte. L'océan rythmait ma solitude. Les derniers mois m'avaient laissé un goût de vide. Je courais d'un bout du monde à l'autre. Je prenais les cadavres en photo, toutes nationalités confondues, toutes couleurs, toutes tailles... Je courais. Urgence. Gravité. Il fallait. Je devais témoigner, montrer, prouver... Barbaries, tueries, génocides. Nécessité de mes actes. Être partout, être nulle part.

Depuis six ans, je fonçais, je hurlais, je me débattais contre l'inévitable. J'étais un cri, je n'avais plus de souffle. Et puis, soudain, étrangement, le désert. Un enfant affamé, une mère éplorée, un cadavre, un corps torturé avait plongé ses yeux au fond de mon ventre et y avait déposé ce vide.

Je ne savais pas, je ne savais plus, les visages se superposaient, les plaintes se mêlaient...

M'asseoir, respirer.
L'océan était une évidence.
Me vider de la souffrance, nettoyer tout ce sang.

Retour à l'enfance. J'avais choisi la ville des vacances familiales. Mes parents nous emmenaient ici, une fois par an, hors-saison.

J'étais là. Hors-saison.

Je marchais, je regardais la mer, je la fixais sur mes pellicules. Lumières. Beauté. Je prenais la beauté en photo. Pour rien.

Je remarquai d'abord les coquillages. Le dessin. Des centaines de coquillages assemblés, enfoncés les uns à côté des autres dans le sable humide. La plage déserte, la mer, le sable et … ces coquillages. Image saisissante. Une carte postale géante exposée aux regards célestes. Je sortis mon appareil, je mitraillai. C'est à travers l'objectif que je la vis pour la première fois. Elle posait ses coques. À genoux, accroupie, couchée, elle étirait son corps sur sa toile de sable pour jeter ses couleurs, créer ses formes. Elle ignorait ma présence. Elle puisait ses coquillages dans un seau, les étalait dans sa main, paume creusée. Elle choisissait celui qui s'emboîterait parfaitement dans la composition, qui achèverait la sculpture.

Elle se releva subitement. C'était fini. Elle défiait la mer, le regard droit.

Je compris alors : la marée était montante. Je scrutai la mer qui se rapprochait d'elle. Elle avait terminé sa fresque juste avant que l'eau salée ne vienne la recouvrir. Je photographiai le tableau encore et encore, angoissé par sa disparition imminente. Je l'imaginais au travail depuis des heures, soumise à son œuvre éphémère. Elle était calme. Elle ne redoutait pas le moment où. Elle l'attendait. Je me sentis ridicule. Son geste était sensé, plus sensé que n'importe lequel de mes actes depuis des années. Elle ne m'avait pas deviné. Je reculai de peur de troubler son face à face avec l'océan et je continuai de la photographier avec un autre zoom. Malgré moi. Je captai les premières caresses de la mer, j'immortalisai la destruction, morceau par morceau. Les coquillages nageaient, volaient. Elle souriait. J'en étais certain même si je ne pouvais discerner son visage. Elle me tournait le dos. Les eaux emportèrent l'œuvre. Le sable disparut.

Quand tout fut accompli, elle se retourna brusquement et marcha dans ma direction, d'un pas sûr, décidé. J'étais naïf, elle s'était évidemment aperçue de ma présence depuis longtemps. Je lâchai l'appareil qui retomba violemment sur ma poitrine et me relevai d'un bond, ennuyé, pris en faute. Flagrant délit. Elle souriait. Je vis qu'elle était belle. Très belle. Ses yeux me fixaient, heureux. Le pétillement de l'iris. Verts. Elle ne ralentit pas en se rapprochant. Je guettais ses pieds, l'endroit où ils allaient s'arrêter. Elle allait me traverser.

Elle s'immobilisa à cinquante centimètres. Elle retira son bonnet de laine et secoua ses longs cheveux bouclés. Brune.

Vous avez pris des photos ?
Oui.

J'étais un animal traqué, un enfant surpris les doigts dans la confiture... Elle a éclaté de rire. Un joli rire. J'ai ri, aussi, les yeux dans les siens. Le rire s'est épuisé, mais pas le regard. Le vert au fond de ses yeux reflétait le vert de mes yeux. Je tendis la main irrésistiblement vers son visage, son cou, ses cheveux, sa nuque et je l'embrassai.

Baiser passionné. Nous étions séparés par mon appareil et pourtant j'avais l'impression de l'enlacer.

Je m'appelle Renaud
Chloé…

Je lui pris la main. La bouche sèche, je ne parvenais pas à former de phrases, les mots fuyaient mes lèvres. Je l'emmenai. Elle me suivit silencieuse, elle aussi. Je l'embrassai encore dans l'ascenseur, j'avais repoussé mon appareil sur le côté, je pouvais la serrer, la toucher. J'embrassai tout son visage. Elle était douce. Nos baisers s'enchaînèrent dans l'appartement. Je la désirais follement. J'ôtai ses vêtements, un à un. Veste, pull, pull encore. Elle m'empêcha de retirer son tee-shirt, dernière entrave à sa nudité. Elle ne portait pas de soutien-gorge et je lui embrassai les seins à travers le tissu. Je me déshabillai. Elle m'attira dans la chambre. Moi nu, elle en jeans et tee-shirt. Elle tira les tentures, nous plongeant dans la pénombre. Elle m'entraîna sur le lit, me caressa et défit elle-même son pantalon, m'interdisant doucement de m'en mêler. Elle me mena en elle, tendre et autoritaire, douce et impatiente. Nous avons joui, également je crois, comme des assoiffés, des affamés. J'ai tout de suite aimé les marques que l'amour dessinait sur son visage, ses soupirs et ses cris aigus. J'avais crié, aussi. Je n'avais jamais crié auparavant. Je faisais l'amour en muet, les mâchoires serrées. J'avais senti ses seins se soulever pendant la jouissance, je les avais touchés par-dessus le tissu tendu sur ses mamelons en érection. J'aimais son corps en entier. Je devinais que chaque pli de sa peau me serait familier.

Le sommeil nous enroba, mon sexe encore en elle.

Je la sentis se lever, je pensais qu'elle cherchait la salle de bain. J'entendis la porte d'entrée se fermer. Je me levai précipitamment, me rhabillai et me jetai dans les escaliers. Elle n'était plus sur la digue. Je m'engouffrai dans une rue transversale, je parcourus la ville en tous sens. Elle avait disparu.

Elle s'appelait Chloé. Elle avait des yeux verts. Elle criait en faisant l'amour. Aigu.

***

Je passai les jours suivants à la chercher. Je fouillais du regard l'intérieur des maisons qui paraissaient habitées. La plupart avaient les volets clos, ils s'ouvriraient avec le retour du printemps, avec la saison touristique. J'errais dans les rues désertées, je léchais la digue d'est en ouest puis d'ouest en est, suivant la course du soleil mais le doublant une centaine de fois. Je sillonnais la ville comme on escalade le versant nord d'une montagne espérant la lumière de l'autre côté. Je l'espérais à chaque coin de rue. Le sixième jour, je me postai à la fenêtre avec des jumelles. Je l'avais rencontrée sur la plage, c'est sur la plage que je la débusquerais. Je ne dormais plus. Je ne pensais qu'à elle. J'avais de nouveau perdu mon souffle.

L'urgence m'envahissait.

J'avais imprimé les photos. Je les avais assemblées. Collage, patchwork, je rapiéçais mon cœur, mon âme, ma vie. Mon délire me frappa de manière inattendue. Je l'aperçus sur une des photos. Son dos, ses cheveux ébouriffés sous son bonnet rouge en laine, ses fesses enfermées dans son jeans, son sourire, et la mer. Qui monte et redescend, qui dessine le temps. Et elle, l'éphémère et le rendez-vous avec Elle.

J'étais sorti, j'avais marché tout droit vers l'écume blanche, rose, grise. Je m'étais assis face à Elle. Je m'étais soumis. Au temps, au rythme, au hasard.

***

Deux jours plus tard, je repérai sa silhouette au bord de l'eau. Je m'élançai vers elle, vers son visage rougi par le vent et le froid, vers son joli nez retroussé, vers ses tâches de rousseur, vers ses lèvres écartées dans un sourire. Pour moi. C'est elle qui m'avait embrassé.
Cette fois, je voulais parler. J'avais trop peur de la perdre encore. Je la criblai de questions. Elle ne répondit à aucune.

J'ai encore envie de faire l'amour.

Je l'entraînai à nouveau dans l'appartement. L'appartement, la chambre, les tentures tirées, le lit. Je voulais lui retirer ses vêtements. Je désirais la regarder, me repaître de sa beauté, la voir nue. Elle refusait. Je ne comprenais pas, j'insistai. Elle se fâcha, menaça de partir. Je lui dis que je l'aimais.

Je t'aime

Je disais ces mots pour la première fois. Elle enfonça le vert de ses yeux dans le mien.

Je t'ai menti
Tu ne m'as rien dit
C'est ça, le mensonge

Elle prit ma main et la plongea sous ses pulls, sur sa peau. Je sentis. Sa peau n'était pas lisse. Un peu boursouflée, bosselée, irrégulière. Je caressai son ventre énigmatique et le désir me submergea. J'embrassai sa bouche et posai mon autre main sur sa peau. Son dos était doux et lisse, la peau changeait de texture à la jointure avec le ventre, sur les côtés. Ses seins étaient parfaits, les boursouflures disparaissaient juste en dessous. Je m'attardai sur sa ceinture, ouvris la fermeture éclair de son pantalon et glissai ma main doucement vers son sexe. Elle se raidit. J'arrêtai. Je lui enlevai ses pulls et son tee-shirt malgré elle. J'admirai ses seins, ronds, roses, superbes; je baissai les yeux vers son ventre, meurtri, blessé, marqué. Cicatrices. La curiosité m'animait mais l'essentiel était de l'aimer. Je m'accroupis pour embrasser la peau de son ventre. Doucement, je fis descendre son jeans le long de ses hanches, de ses cuisses, marquées, elles aussi. Je caressai ses jambes. Les cicatrices s'estompaient au-dessus des genoux pour s'évanouir plus bas. Je baisai à nouveau son visage, sa bouche, j'avalai les larmes sur ses joues, la chaleur de ses lèvres. J'appuyai fort ma main contre son sexe chaud, la même chaleur. Ses fesses étaient intactes, je les pris à pleines mains. Je redoutais de découvrir sa fente. Elle aussi craignait cette rencontre. Ma main se glissa imperceptiblement sous son slip. Imberbe. Ses lèvres étaient nues, comme celle d'une enfant. Je palpai ses chairs blessées et je pénétrai son vagin humide, accueillant. Parfait. Je le savais pour y avoir goûté quelques jours plus tôt. Elle n'avait pas bougé pendant l'exploration. Inquiète, anxieuse. Elle était nue. Je la regardai et je l'aimai, plus follement encore. Elle se jeta sur moi, arracha mes vêtements et rit. Éclat de rire déjà entendu. Et puis, elle contre moi, moi contre elle, nos peaux l'une sur l'autre, l'une dans l'autre. Encore. Encore.

***

Je ne l'ai plus quittée. J'étais amoureux. Fou. Les premiers jours de notre histoire ne ressemblaient à aucun autre. Instants magiques. Les couleurs changeaient en permanence, la lumière nous enveloppait, l'océan nous protégeait, nous étions des oiseaux. Je dévorais ses sourires, je buvais à ses lèvres, je m'oubliais définitivement dans ses bras, je disparaissais à jamais entre ses cuisses.

Ces quelques semaines au froid marin, au gris côtier restent indélébiles. Le bonheur gravait son chemin entre nous, en nous. L'amour.

***

Il y eut une petite ombre au tableau. Je m'en souviens aujourd'hui. C'est inévitable.

Un soir. Tous les deux dans l'appartement. Une bouteille de bordeaux. Trop de vin peut-être. Elle était saoule. Elle riait, elle criait, sa voix avait changé, plus forte et plus aiguë. Elle me plaisait. Je la poussai dans le canapé et elle se dévêtit. Elle s'abandonnait plus que d'habitude, mieux que d'habitude. Je forçais sa pudeur, j'osais les caresses qu'elle m'avait jusqu'alors interdites. Je promenais mes lèvres sur ses jambes, sur ses cuisses et j'explorais enfin son sexe de ma langue. Pour la première fois, elle n'opposait aucune résistance. Je voulais la voir jouir. Elle se donnait entièrement, elle fléchissait, son désir allait s'épanouir quand, subitement, elle se cabra et recula à l'autre bout du fauteuil, ramenant ses jambes entre ses bras, les serrant fort contre ses seins, en boule, chatte agressée. Elle hurla, toutes griffes dehors.

Je te dégoûte, avoue-le ! Je te répugne, dis-le, dis-le !

Les larmes inondaient ses joues, sa bouche. Elle se jeta sur moi sans cesser de crier et me frappa aux épaules et sur le torse, les poings fermés. Souffrance en dedans, rage au-dehors. La haine au fond des yeux. Je connaissais ce regard, je l'avais croisé cent fois. Hommes, femmes, enfants, brisés, vaincus, détruits, prêts à mordre, prêts à tuer. Jamais ce regard ne m'avait autant touché, jamais je n'y avais aussi bien lu la douleur. En un instant, je sus sa souffrance, je découvris son passé. Les autres hommes, l'enfance, la honte, la blessure perpétuellement cachée, dissimulée, le dégoût des autres, l'incompréhension, la solitude, ... Depuis combien de temps portait-elle ces marques ? Qu'avait-elle enduré ?

Ce que j'avais imaginé, par facilité, par lâcheté, être un détail s'affirmait soudain comme essentiel. Elle ne cessait d'y penser, c'était un souci permanent. Je la pris dans mes bras, coinçant ses mains furieuses, et la serrai fort, très fort.

Je t'aime, tu me plais, rien en toi ne me dégoûte, je boirais ton sang, je goberais tes yeux, je lécherais tes orteils couverts de sueur un à un...

Je ne pus réprimer un fou rire. Elle se détendit, s'appuya contre ma poitrine encore tremblante et sa respiration se calma. Elle s'endormit.

C'était vrai, ses cicatrices ne m'inspiraient aucune répulsion. Je m'étais certainement habitué à la meurtrissure des chairs, j'avais côtoyé l'horreur au quotidien. J'avais appris à voir l'être humain par-delà ses blessures, au-delà de ses cicatrices, de ses amputations. Surtout, je l'aimais, n'importe comment, je l'aimais.

Je la portai dans mon lit, elle se réveilla et elle raconta.

C'était arrivé quand elle avait six ans. Elle ne se souvenait de rien. Elle avait joué avec du pétrole, c'était ce que sa grand-mère lui avait dit, elle avait joué avec du pétrole près du feu ouvert, son père s'en servait pour allumer le feu, il imbibait un morceau d'ouate avant de l'enflammer, elle avait voulu l'imiter, elle avait renversé la bouteille sur sa chemise de nuit et il y avait eu un retour de flamme, quelqu'un, une femme, une nourrice, une voisine l'avait jetée dans une bassine d'eau et l'avait sauvée.

Elle gardait l'image de son corps enflammé, c'est tout, elle n'avait pas d'autre image. Son père ne lui en parlait jamais, il ne savait plus, disait-il, quand, enfant, elle lui posait des questions. Elle était hantée, quelque part, elle était hantée par ce souvenir manquant.

J'embrassai ses yeux, paupières ouvertes, j'ouvris ses cuisses. Elle me laissa parcourir son corps dans tous les sens et dans tous les recoins.

***

Il y eut un mariage. D'amour. Et des jours heureux, des souvenirs ensoleillés. Le temps était plus long, le temps était plus court, le temps était plus doux. Je changeais. Je n'étais plus pressé, je n'étais plus indispensable à la marche du monde, je me devais à elle, simplement à elle. Je réduisais l'importance de mes reportages à l'étranger, je limitais mes voyages, j'abandonnais le sensationnel, le sang sur les clichés. Je me consacrais à notre bonheur, égoïste et touchant pourtant à l'infini, paradoxalement. Je divague peut-être, j'exagère, je transforme le passé pour lui donner les accents de la perfection, un peu, pas beaucoup. Le bonheur que j'ai vécu à ses côtés jouait avec l'éternité, l'intemporel. Je caressais son visage comme celui d'un ange, je respirais sa peau et j'oubliais mes liens terrestres. Elle m'emmenait au-delà du réel, au fond de sa réalité, dans les profondeurs de mon être. Nous avons acheté une maison au bord d'une rivière, à la campagne. Elle s'y plaisait, elle y avait installé son atelier et elle peignait. Couleurs tendres et douces, harmonie, au début. Je la retrouvais chaque matin, chaque soir avec la même volupté, un désir inépuisable. La lune de miel n'aura jamais si bien porté son nom. Le bonheur parfait a duré une lune.

***

Ses tableaux se sont transformés. Je n'y ai pas pris garde. Les couleurs étaient plus vives. Rouges. Les traits plus épais, rugueux. Ils s'éloignaient de l'harmonie pour faire place au déchirement. Torturés. J'ai voulu y voir une nouvelle esthétique, une recherche picturale. J'aimais la croire heureuse définitivement, libérée de ses angoisses, délivrée. Ça s'est insinué entre nous imperceptiblement.

Je connaissais sa douleur, la brûlure, mais je pensais l'avoir apprivoisée. C'était une illusion. J'étais aveugle, j'étais aveuglé.

***

Ce soir-là, j'étais rentré plus tôt que prévu, mon dernier rendez-vous s'était décommandé. Il pleuvait. La maison était déserte. J'appelai. Chloé ne répondit pas. Je pensais qu'elle était allée se promener, je m'installai dans le fauteuil avec un bouquin et un verre de porto. J'étais plongé dans mon roman quand j'entendis une plainte, un gémissement. Je cherchai. Les cris venaient du jardin. Je sortis précipitamment, envahi par une angoisse indéfinie. Elle était nue, sous la pluie. C'était le début du printemps, l'air était glacé, le vent piquant. Elle se roulait dans l'herbe en pleurant ou plutôt en gémissant. Je redoutai le pire, je courus vers elle.

Que s'était-il passé ? Que lui était-il arrivé ? Son regard était vague, ses yeux glauques semblaient ne pas me voir. Je lui parlais, l'enlaçais, elle restait lointaine. Absente. Je la portai au chaud, frottai son dos, réchauffai ses membres, la couvris. Elle me revint une heure plus tard. Je la forçais à boire une tisane, elle avala une gorgée puis m'inspecta de la tête au pied, surprise.

Que fais-tu ? Qu'est-ce que je fais là ?

Je la serrai dans mes bras. Je dus ravaler mes larmes, dissimuler mon émotion pour lui raconter, lui dire… l'éloignement, l'absence passagère. Je ne pus lui décrire l'horreur de son état : les yeux hagards, la folie apparente, ses cris. Je dédramatisai. C'était mieux pour elle, c'était mieux pour moi.

Nous avons ignoré cet événement. La perfection ne devait pas être altérée.

Aujourd'hui, j'ai beau m'apercevoir de mes erreurs, je ne comprends pas. Qu'aurais-je dû faire ? Qu'aurais-je dû dire? Existe-t-il des paroles rédemptrices, des gestes sauveurs. Je n'avais que l'amour. Je lui ai tout donné, j'ai espéré, je voulais que ça dure, encore, je voulais que l'amour dure toujours. Je n'ai pas vu la fin arriver, je vivais les yeux clos. Je dois reconstituer pas à pas le chemin qu'elle a emprunté. Enfoncer mes pieds dans le sable mouillé, ramasser les coquillages.

***

Nous avons eu le feu, à la fin du printemps. Je n'avais jamais relié cet événement aux autres, avant. C'est une pièce du puzzle pourtant, indéniablement. Mes caisses de photos ont brûlé. C'était un mardi après-midi, Chloé était sortie faire des courses. Les voisins ont aperçu les flammes par la fenêtre et ont appelé les pompiers. Le feu ne s'est pas étendu aux autres pièces, seul mon bureau en a été la proie. Je n'ai pas vraiment cherché à comprendre, l'essentiel était d'avoir pu maîtriser les flammes avant qu'elles ne s'emparent de la maison, l'essentiel était surtout que Chloé soit sauve.

Il se passa peu de temps entre cet accident et la crise suivante de Chloé. Quelques semaines. Le mal se répétait, identique. Cette fois, c'est dans son atelier que je la surpris, nue, encore, échevelée, couverte de peinture, en plein travail. Elle étendait une épaisse couche de rouge sur toutes ses toiles. Rouge sang. Le même air absent, le même regard vide. Quand elle retrouva ses esprits, je ne pus m'empêcher d'éclater de rire. Un rire nerveux, un rire de fou, un rire qui retient les larmes, qui contient l'effroi. Nous avions constaté les dégâts ensemble sans trop nous attarder. Ces tableaux ne représentaient pas vraiment quelque chose de décisif, disait-elle. Elle devait encore travailler. Ce coup de folie marquait un tournant dans son art. Nous relativisions.

***

Il faut encore parler de son père. Je n'ai jamais aimé ce vieillard misanthrope et acariâtre. Mais pour Chloé, je roulais des heures jusqu'au village perdu où il vivait, où elle avait vécu. Pour elle, je supportais ses remarques désobligeantes sur mon métier. Pour elle, j'endurais sa mine renfrognée des après-midi durant. Pour elle.

Froid, taciturne, vieux loup solitaire, il vivait à l'écart des hommes, à l'étroit dans son antre usé et déserté. Je l'ai parfois vu sourire, moment privilégié, souvenir d'un autre temps. Entre Chloé et lui, c'était chaud, c'était froid, c'était l'amour et la peur de l'autre, c'était l'adoration et la haine.
Ils ne se parlaient pas ou peu. Ils avaient vécu en couple pendant des années, la mère de Chloé les avait quittés quand elle était enfant. Elle n'avait aucun souvenir d'elle, il ne partageait pas les siens. Le silence leur tenait lieu de compagnon, je crois.

C'était l'été. Nous revenions de vacances. Nous avions marché pendant deux semaines dans la montagne. Le soleil, la beauté, la fraîcheur, la grâce nous emplissaient. Des paysages magnifiques s'étaient prêtés au jeu de notre bonheur, des chambres d'hôtel rustiques avaient abrité nos ébats, nos débordements, nos douces folies. Nous étions heureux. J'aimais Chloé, elle était belle à mourir. Rendre visite à son père ne représentait pas un long détour sur la route du retour, Chloé l'avait souligné, j'avais pris la direction de son refuge. Il fut heureusement surpris, il nous invita à dîner. Il prépara un repas délicieux, arrosé d'un très bon vin. Il faisait beau, nous nous sentions bien, il esquissa même, à plusieurs reprises, un sourire. Chloé lui posa alors la question. Je savais que ça lui coûtait. Nous n'en parlions jamais, néanmoins, j'appréhendais ce moment, il devait avoir lieu un jour ou l'autre. La blessure tenaillée au fond d'elle, la douleur enterrée, la peur enfouie.

Où est ma mère ?

Sa voix trembla sur la fin de la phrase, c'était presque un murmure, une supplique. Il tourna la tête, se leva et nous proposa un café, ignorant Chloé, niant sa détresse. Elle se liquéfia. Je lui pris la main, elle l'arracha brutalement. Je me levai et emmenai Chloé.

Dans la voiture, je sentais ses jambes tressaillir, ses mains se crisper, son visage se figer. Je n'eus pas besoin de la regarder pour savoir. La douleur la reprenait, me l'enlevait, encore une fois. À peine arrivée, elle sortit et claqua la portière, elle grimpa les escaliers et se jeta sur le lit, en pleurs, en cris. Elle me repoussait, refusait que je m'approche d'elle, que je la touche. Son corps était secoué de spasmes. Elle se calma vers cinq heures du matin, vaincue par le sommeil.

Le lendemain, je la fuis encore une fois. Elle se leva comme d'habitude, insouciante, souriante, belle. Je n'abordai pas la soirée de la veille, elle non plus.

Le temps passa. Notre amour s'affirmait, s'épanouissait. J'ai eu envie de lui faire un enfant.

***

Chloé redoutait la grossesse, l'accouchement la terrorisait. Depuis son accident, elle avait habilement évité les médecins. Son père ne les appréciait pas particulièrement et il tenait de sa mère un savoir médicinal instinctif. Plantes, tisanes, massages avaient permis de venir à bout des maladies d'enfant de Chloé. Elle s'était approprié ces connaissances et refusait tout contact avec la médecine.

Elle n'avait jamais montré son sexe à un gynécologue. Je dus argumenter de nombreuses fois pour la convaincre. Enceinte, elle accepta enfin .

Je l'accompagnai. J'expliquai la situation au spécialiste, lui décrivis la particularité physique de Chloé. Elle s'était murée dans un silence inquiet. En dépit de ma prévenance, l'homme ne put réprimer une grimace de dégoût face au sexe de ma femme. Je fus vexé, choqué. Je m'étais habitué à ses cicatrices, j'avais appris à les aimer, je ne supportais pas le regard effaré de ce professionnel du corps, il aurait dû protéger Chloé de sa franchise.

La grossesse se déroulerait normalement même si les tissus de la peau avaient perdu de leur élasticité en cicatrisant. Bien que d'un aspect différent, le derme avait pratiquement recouvré les qualités d'une peau «normale».

Le gynécologue avait hésité avant de prononcer ce mot mais, apparemment, il n'en avait pas trouvé d'autre. La naissance aussi pourrait avoir lieu par les voies naturelles malgré...

Nous l'avons appelé Martin. Charlotte, notre fille, le suivit de deux ans.

***

Et donc, le bonheur. L'euphorie de la naissance, la magie de la vie donnée nous ont menés dans des contrées plus que lointaines. La vie était étourdissante, la magie existait, la félicité était de ce monde. J'étais né en même temps que Martin. J'étais re-né avec Charlotte. Ma vie passée n'avait aucun sens. Les cadavres étaient des illusions, la mort un leurre. Chloé me comblait, c'était elle qui m'offrait le paradis.

À cette époque, je ne marchais plus, je flottais. Je me sentais plus fort que tout, plus fort que tous. Un peu méprisant peut-être envers ce monde qui se débattait, cet amas d'êtres vivants emmêlés. Je n'avais rien à voir avec eux, j'étais un ange. Chloé, Martin et Charlotte étaient des anges.

Ma femme resplendissait, la maternité l'avait libérée. Elle adorait ses enfants. Elle les avait nourris chacun le plus longtemps possible, les avait bercés les nuits d'insomnies, avait soigné leurs petits bobos, leur avait chanté des berceuses et raconté des histoires... Elle possédait la patience et la douceur d'une mère. Elle se surprenait elle-même dans ses gestes, ses attentions. Personne, dans ses souvenirs d'enfance, ne lui avait appris les gestes tendres, les câlins. Ces qualités lui appartenaient en propre. Rien d'acquis, elle en était certaine.

Elle avait engendré sa propre famille, exit sa famille originelle, exit l'enfance et les brûlures.

Pendant cinq années, elle ne fut plus victime d'aucune crise. La brûlure s'estompait, j'en étais persuadé, je m'en persuadais, ses blessures avaient cicatrisé, la folie ne ferait plus surface.

***

Quand les enfants ont rejoint l'école, Chloé s'est remise à la peinture. Elle a aussi retrouvé la sculpture, l'argile. Avant notre rencontre, elle s'était passionnée pour ce mode d'expression, je n'avais jamais su pourquoi elle l'avait abandonné. Je le compris rapidement. Avec la terre, elle ne pouvait s'éloigner de sa douleur. Elle ne modelait que des corps estropiés, blessés, brûlés... Membres arrachés, ventres creusés, visages déformés, sexes ravagés... et l'absence de regard, l'absence. La sculpture la hantait. Elle travaillait toute la journée. Plusieurs fois, elle oublia les enfants à l'école. Elle négligeait les repas, les lessives. S'occuper de Martin et Charlotte était devenu une corvée.

Je m'inquiétai, j'aurais voulu l'arracher à son atelier, il était trop tard.

***

La déconvenue sur son visage. Le mot «déconvenue». Elle ne comprenait pas ce qui lui arrivait. Le ciel s'abattait sur sa vie. Fatalité. Elle était soumise. Elle pleurait beaucoup. Inopinément. Pendant un repas, devant la télévision, le matin, le soir, le midi, au théâtre, chez des amis, au lit, dans le jardin... Elle me suppliait du regard, je lisais l'angoisse sur ses traits, son visage se tordait et, soudainement, les larmes couvraient ses joues.

Les enfants ne parvenaient plus à la dérider. Elle montrait toujours beaucoup de tendresse à leur égard mais, parfois, elle semblait oublier leur existence. Elle s'absentait. Ils lui parlaient et elle n'entendait pas. Les yeux vagues.

Dès qu'elle était rendue à sa solitude, elle rejoignait son atelier et travaillait l'argile. Les mains dans la terre, elle s'agitait, se démenait, combattait. En lutte avec ses démons. Je la retrouvais épuisée, couverte de boue. Hagarde. J'aurais voulu l'empêcher de sculpter. Je l'incitai plusieurs fois à peindre. Les couleurs lui convenaient, elles l'adoucissaient. Nuances. La terre la détruisait. Trop proche. Trop vivante et trop morte. Humus.

Je tentai de l'éloigner de la maison. Je l'emmenai en vacances. Le soleil la calmerait.

Je me trompais. La plage et la mer au soleil lui déplurent au plus haut point. Elle refusa de montrer ses jambes et donc de se baigner. Le sable était couvert de touristes imbéciles auprès desquels elle ne voulait absolument pas se dévoiler, se découvrir, exhiber ses cicatrices. Ses peurs revenaient en force. Elle s'affubla de longues jupes et eut très chaud et ne supporta pas la chaleur. Elle regretta l'absence des enfants, souffrit de l'éloignement.

Je l'avais perdue.

Je lui fis l'amour chaque jour et chaque nuit, cherchant dans l'ivresse sensuelle l'émotion des premiers instants. Elle ne m'opposait aucune résistance, au contraire... Pourtant, nous ne nous rejoignions pas. J'étais seul. Elle était seule.

Je renonçai provisoirement. Je l'abandonnai. Je m'investis à nouveau énormément dans mon travail, pour noyer ma douleur, m'évader. Je la traquais cependant. Je la surprenais dans notre amour pour les enfants, amour partagé. Je la capturais parfois dans le regard de Charlotte, dans un sourire de Martin. Elle luttait contre sa souffrance pour son fils, pour sa fille. Elle les protégeait d'elle-même. Ils étaient sa sauvegarde.

J'ai pleuré sur moi. Je désirais qu'elle m'aime encore. Je rêvais qu'elle m'aime encore. Je vivais en manque.

***

L'accident eut lieu un soir d'hiver. Il pleuvait. La nuit avait déjà envahi l'air. Noir et humide. J'étais en voiture quand mon portable sonna. Elle hurlait au téléphone. Je détectai des mots, des bouts de phrases mêlés de sanglots à demi étouffés.

«Brûler», « C'est moi, c'est moi », «Viens»

J'accélérai.

Charlotte criait. Charlotte hurlait. Je perçus la gravité de la situation à l'instant où je poussai la porte. Ma fille était couchée dans le canapé, le pied enroulé dans une serviette de bain. Je m'approchai doucement, essuyai son visage couvert de larmes et tentai de comprendre ce qui s'était passé.

Martin vint à la rescousse et m'expliqua. Le bain, l'eau bouillante, le pied de sa sœur, maman qui crie. Je déballai le pied de Charlotte et découvris l'horreur. La peau était en lambeaux, la chair à vif. Je réfrénai mon angoisse et la portai dans la voiture avec son frère. Je retournai dans la maison pour emporter quelques affaires et m'enquérir de Chloé.

Je devais arrêter de trembler, calmer ma respiration, faire cesser les tambourinements dans mon crâne. Je traversai le salon et gravis les escaliers pour accéder aux chambres et à l'atelier. J'entendis gémir derrière la porte. Elle se roulait sur le sol, les mains et le visage humides de terre et de larmes. Je lui dis, mais entendait-elle ?, je lui dis que je conduisais Charlotte à l'hôpital.

Je restai très lucide les jours suivants, incroyablement lucide. Pratique, pragmatique. J'avais coincé toute émotion et tout sentiment dans un coin. La nécessité l'emportait : Charlotte devait être soignée. Les soins étaient douloureux, elle avait besoin d'un père fort et sûr de lui, pas de quelqu'un qui s'apitoie sur sa propre souffrance.

Le blindage que j'ai forgé pour supporter la douleur de ma fille ne m'a pas quitté.

Martin avait trouvé refuge chez mes parents. Je le rejoignais tous les jours pour le goûter. J'écoutais ses histoires de cour de récréation, de foot, de game boy et de filles. Il vivait déjà des amours compliquées, des amours multiples bien sûr. Il était heureux. Innocent. Je me régénérais à ses côtés.

Je passais les nuits à l'hôpital.

Mes actes se succédaient comme s'emboîtent les pièces d'une machine bien huilée. Mécaniques. Je ne pensais plus.

Je dus affronter Chloé. Sa douleur. Son remords. Elle ne quittait pas son état de stupeur. Je parvins néanmoins à extraire des morceaux de phrases de ses lèvres serrées. Je reconstituai la scène de la brûlure grâce aux éclaircissements de Martin.

L'accident était un accident. Chloé n'avait pas compris pourquoi Charlotte hurlait dans la baignoire. Elle avait cru à un caprice. L'eau qui coulait du robinet dépassait soixante degrés, ma femme avait mal réglé la vanne thermostatique. Charlotte n'avait pas osé désobéir à sa mère et sortir du bain, elle était restée perchée sur un pied. Flamant rose sacrifiant son pied à l'amour de sa mère... Chloé avait enfin compris en voyant la vapeur... Acte manqué, distraction... Elle n'était pas vraiment responsable. Pourtant, le remords l'emplissait. Elle répétait perpétuellement la même phrase, comme une litanie.

« J'ai brûlé ma fille, j'ai brûlé ma fille, j'ai brûlé ma fille. »

Elle ne quittait pas son lit, elle se morfondait.

***

Elle était trop loin. Hors d'atteinte. Elle me refusait l'accès direct : je cherchai ailleurs. Je devais la surprendre au cœur de son labyrinthe. Tenter tout et n'importe quoi.

Tout tenter : je l'obligeai à rencontrer un psychiatre.

Tenter n'importe quoi : j'empruntai un détour, je contournai sa folie, je trouvai sa mère. Eva.

Deux : Renaud, Chloé, Eva

Elle était belle encore. Elle avait été très belle, certainement.

Elle ne savait pas qui j'étais et, apparemment, ne s'en souciait pas. Mes visites la réjouissaient et elle m'abordait comme si nous nous connaissions de longue date.

Elle ne savait pas ce qui me liait à elle.

Elle paraissait calme, posée, sereine. Son médecin m'avait pourtant prévenu, son quotidien, sa vie, était parsemé de crises d'une violence rare. C'est pourquoi elle resterait là jusqu'à la mort.

L'endroit était agréable. Il ressemblait plus à un sanatorium, ou à l'idée que je me faisais d'un sanatorium du début du siècle, qu'à un asile. Hors du temps, hors du monde, protégé. Mais... les murs... Les hauts murs surmontés de barbelés. Les grilles. L'attente à l'entrée avant «l'identification». Et, au début, le parloir... Aujourd'hui, elle accepte de me recevoir dans sa chambre.

L'ambiguïté vient peut-être de la chambre. Vivre dans une chambre, y dormir, y manger, y lire et écrire, y faire l'amour... L'attente, l'ennui, la lassitude concentrés autour d'un lit. L'attente, pour elle, a un sens particulier. Le temps n'a pas la même signification dans son monde. Elle ne vieillit pas, elle ne voit pas le temps imprimé sur son visage. Elle ne voit pas notre différence d'âge. Elle n'imagine pas qu'elle pourrait être ma mère, elle n'imagine pas qu'elle peut être mère.

Quand elle raconte, elle passe d'une période de sa vie à une autre sans transition. Elle a cinq ans, elle a vingt ans, rarement plus. Elle me parle de ses amours de jeunesse, de ses conquêtes. Elle décrit ses séances de pose interminables. La joie, la fierté de faire les couvertures de magazines. Elle passe ses doigts sur son visage, lisse ses joues. Elle est belle n'est-ce pas ? Je dois la rassurer souvent. Je ne mens pas. Je la trouve très belle.

Bien sûr, moi, ce sont ses rides qui m'émeuvent, les plis de son cou, la maturité de son regard, le gris perle entre les mèches plus foncées de ses cheveux…

Elle, elle regarde perpétuellement sa jeunesse dans un miroir imaginaire. Miroir magique. Elle ne vieillit pas, elle ne grandit pas, enfant oubliée au pays d'Alice.

Elle me montre les photos, les revues, souvenir de sa notoriété. Elle connaît encore les noms des photographes, ceux avec lesquels elle couchait. C'est une fille facile, elle le reconnaît. Elle a tant de désirs, son corps est une torche. Elle aimait quand ils la prenaient, quand ils la touchaient, elle aimait jouir. Elle jouissait toujours. Elle jouit toujours. Ses yeux me fixent quand elle me parle. Brillants. Je la quitte comme on fuit.

Il m'est interdit de la voir plus d'une fois par semaine. Elle reçoit très peu de visites et le Dr Marteau craint que nos entrevues ne la troublent. Il m'a fait promettre de ne pas forcer son discours. Je peux l'écouter, seulement l'écouter. Ne pas poser de questions. Je ressemble à un psychanalyste. Mais son discours m'appartient. Je ne suis pas un étranger. J'emmène avec moi les morceaux de sa vie, je les colle sur mon puzzle.

C'est à peine si je parviens à en esquisser les contours…

***

Chloé a vu le psychiatre. C'est une brute. Un garagiste, un maçon. Ses mains usées, immenses et chaudes réconfortent et rassurent. Nous avons affaire à un professionnel. Ce médecin maîtrise la problématique humaine, c'est un as du bricolage psychique. Ma femme, mon amour, est en de bonnes mains. Il refuse de l'anéantir sous une tonne de médicaments. Une thérapie. Quelques mois. Remettre les choses en place. Se reposer, prendre du temps, de la distance.

Elle l'a écouté, souriante. Il lui plaît, c'est bon signe.

***

Eva m'attendait. Je la lis sur son visage : la fin de l'attente. Elle n'a pas envie de parler, elle veut se promener. Nous sortons, nous quittons l'enceinte de l'asile. Elle en a le droit si elle est accompagnée. Je l'emmène en ville. Shopping. Habituellement, je déteste ça. Elle est gaie. J'admire sa façon de s'adresser aux vendeuses. Supérieure, hautaine, mais aimable. On la sert, on lui obéit mais on lui sourit, sans se forcer. Charme. Le visage d'Eva aussi est figé dans un sourire, expression naturelle. Elle essaie des robes, m'interroge du regard, se fâche parce que j'approuve invariablement. Parfums. J'aime son parfum. Salon de thé. Je me sens bien. J'ai oublié sa folie, j'ai oublié la folie, j'ai oublié qui j'étais. Je sirote un earl grey et déguste une génoise au chocolat. Enfant comblé, gamin gâté. Elle me raconte des anecdotes sur la patronne de l'établissement, des morceaux choisis de sa vie sentimentale. Elle adore les ragots. J'écoute la musique de sa voix. Je bois l'instant présent sans rien comprendre de ce qui se passe autour. J'ai neuf ans, je ne connais rien au monde, je déambule dans un monde imaginaire. Cette femme est merveilleuse. Cette femme est réelle. Cette femme est une femme. Je pose mes yeux sur son décolleté, sur son cou plissé, sa gorge, je devine la dentelle, je respire son parfum. Elle me prend la main. Innocente. Peut-être. Je lui abandonne mes doigts. Elle les presse, les soupèse, joue avec eux. Distraitement.

Dans la chaleur moite de l'habitacle de la voiture, silence. Lourd. Je dois m'échapper encore. Je ne l'embrasse pas, je la quitte sans un signe.

Sa silhouette au loin, dans le rétroviseur, abandonnée derrière la grille.

***

Chloé se noie dans son mutisme. Elle est assise dans le fauteuil. Elle ne regarde rien. J'effleure son épaule, j'hésite...

Je dis: « Chloé, je suis là ».

Elle tourne la tête, ses lèvres s'étirent, ses pommettes saillent, ...les petits plis autour des yeux... Je ne me reflète plus dans leur couleur.

Le psychiatre a préféré lui prescrire quelques médicaments. Seulement quelques-uns... pour retrouver de la stabilité, se sentir moins vulnérable.

Elle ne s'enquiert pas des enfants, elle ne demande pas: comment va Charlotte ?, elle les oublie. Je ne lui parle pas de sa mère.

***

Eva parle enfin. Elle raconte Pierre. Leur rencontre. Leur amour. Elle avait posé comme modèle pour lui. Il l'avait demandé. Son regard l'excitait, le regard d'un peintre. Elle traversait un univers, elle passait du monde de la photo à celui de la peinture. Elle entretenait au fond d'elle une croyance mythique : la peinture était un art plus noble. Les portraits qu'il réalisait l'attestaient. Il la dessinait avec une sensibilité rare, la devinait au plus profond d'elle-même. Ses toiles l'avaient impressionnée à un très haut point.

Elle avait couché avec lui, très vite. Il la désirait, dans toutes les dimensions de son existence. Elle s'était abandonnée avec délices, troublée par tant de passion. Admiration, crainte, désir. Au premier regard, elle avait su qu'elle le suivrait partout, toujours.

Elle l'avait suivi à la campagne. Elle imaginait un monde merveilleux, un amour protégé du dehors, une passion charnelle, un bonheur absolu, parce qu'il lui avait décrit l'océan et la nature comme des compagnes excitantes, parce qu'il lui avait promis une vie faite de surprises et de jeux, parce qu'elle lui était, avant tout, enchaînée. Et puis, la désillusion.

***

Elle aimait poser. Elle se nourrissait de regards sur son corps, beaucoup moins fugitifs que ceux d'un photographe. Mais cela ne lui suffisait pas. Elle aimait la ville, l'agitation, le bruit. La solitude l'avait rendue folle. L'ennui. C'était ça aussi.

***

Et puis, il y avait eu cette grosseur. Monstrueuse. Cette grossesse...
Silence.

Je me sens agressé. Instinct. Je me rebelle malgré moi contre sa vision de la maternité. J'ai envie qu'elle parle encore et je voudrais qu'elle se taise. Je veux savoir et je ne veux pas savoir. Elle devine mon appréhension. Je fixe les arbres au-dehors. Je dois partir. J'entends ses pas lents dans la chambre. J'entends sa respiration derrière moi, toute proche. Je sens sa main sur mes cheveux. Je sens sa bouche contre mon oreille.

Il ne faut pas m'en vouloir, Renaud. Il ne faut pas.

Ses lèvres sur ma joue, son baiser. Doux. Doux et chaud.

Je dois partir.

***

Les enfants sont rentrés à la maison. La brûlure de Charlotte a cicatrisé. Les traces vont s'estomper. Seule la pigmentation différente de la peau rappellera l'accident.

Le psychiatre m'a conseillé d'éloigner Chloé des enfants. Il a parlé de danger.

Je refuse de le croire, je ne veux pas l'entendre.

Ma femme et mes enfants semblent si heureux de se retrouver. Elle n'avait pu se résoudre à rendre visite à Charlotte à l'hôpital. Elle était restée murée dans sa torpeur toute la durée du séjour. L'annonce de leur retour l'a tirée hors du coma. Elle a préparé leurs chambres, elle a rangé la maison. Grand nettoyage. Elle a cueilli des fleurs et en a parsemé toutes les pièces. Elle a passé une robe, s'est coiffée, maquillée. Je la reconnais enfin.

Le psychiatre est un crétin.

***

Nous avons fait l'amour. Comme avant.

L'accident l'a perturbée, c'est certain, mais elle remonte la pente, elle dépasse cette période noire. Au fond, c'est une femme normale, une mère inquiète. Je me suis trompé. Elle n'est pas folle. Elle n'a pas reçu la folie en héritage. Je n'irai plus à l'asile. Le cours des choses va reprendre. L'amour aussi.

***

Chloé a de nouveau oublié les enfants à l'école. Elle a rejoint son monde intérieur. Quand je suis entré dans la maison silencieuse, je l'ai trouvée au milieu du salon, immobile, les yeux vagues, muette. Ailleurs. Je l'ai appelée, elle ne s'est pas retournée, je l'ai touchée, elle n'a pas bougé, je l'ai secouée, elle a fermé les yeux.

Le psychiatre a conseillé de l'interner quelque temps.

La clinique où je l'ai accompagnée ne ressemble pas à un asile. Cet endroit n'a rien à voir avec le refuge d'Eva. Pas de grilles à l'entrée, pas de murs. Ici, on soigne. Les chambres sont des chambres d'hôpital. Blanches, grises. Neutres. J'ai confiance. Chloé n'est pas folle : elle est malade. Donc, elle va guérir.

***

Cette semaine, je n'ai pas eu le droit de voir Eva. Une crise violente avait emporté sa raison. Le Dr Marteau avait été forcé de la goinfrer de calmants en tous genres. De l'assommer. De l'éteindre. Il lui interdisait toute visite.

Vos visites ne lui sont pas bénéfiques. Son état s'était stabilisé. Avant.

Avant moi, bien sûr. Tout allait bien. La stabilité. Le bonheur. Rose.

Je pense à Chloé. Assommée, elle aussi. Éteinte. Je me sens si impuissant. Pourquoi m'efforcer à la rejoindre ? Pourquoi ces visites à Eva ? Quoi que j'apprenne, quel que soit le puzzle que je cherche à reconstituer, je suis incapable de la sauver. Je ne peux pas transformer la réalité ni changer le passé. Chloé reste hors de ma portée. Sa folie me repousse. Je lui rends visite tous les jours. Elle s'aperçoit à peine de ma présence. Elle ne parle plus.

Je me torture.

Je dois continuer, m'accrocher à ce dernier espoir : ma quête de la vérité.

***

Eva m'a embrassé dans le cou. Elle a glissé ses doigts sous ma chemise et m'a caressé. Je me suis éloigné d'elle, doucement. Ne pas la blesser.

Elle est assise sur son lit et me fixe langoureusement de ses yeux verts.

Le même vert.

Je ne sais plus qui je suis ni ce que je fais ici. Je ne sais plus pourquoi je lui résiste. Je vais m'abandonner, prendre ses hanches, sucer sa peau, goûter son sucre.

Savez-vous qui je suis ?

Oui.

Elle feint. Peut-être. Non, son assurance, sa voix… Elle s'est rapprochée. Elle fait tomber sa robe sur ses épaules. La dentelle dans le décolleté... Je l'enlace, je l'embrasse. Elle se serre contre mon ventre, contre mon sexe. Je la caresse des pieds à la tête. J'avale son corps. Je suis le désir. Rien d'autre n'a d'importance.

***

Je m'enfonce. Mes pieds pénètrent la terre, ils sont happés par le carrelage gris-rose. Je m'accroche au bar, je m'agrippe à mon verre. Boire encore. Avaler. Rincer. Chasser ce goût de fiel qui se répand dans ma bouche, qui s'incruste dans ma gorge, qui coule dans mes veines, m'empoisonne. Boire, boire. Moi, je n'ai pas le recours de la folie. Je ris, je tremble. M'arracher à l'horrible, semer la mort qui me poursuit. Vers quelle rive faut-il que je nage ? Les poumons gonflés. L'eau sauve, l'eau brûle. Au feu. Mes mots m'agressent. Les flammes m'empoignent. Boire encore ce venin. Mourir étouffé entre ses seins, entre ses cuisses qui m'enserrent. Perdre la tête et le corps. Nier l'amour et le remords. M'enfouir sous ces carrés gris mouchetés de rose comme je m'enlise dans ta vase, monstre bicéphale, femme fatale. Le vert de tes yeux partout dans les miroirs qui me fixent. Me noyer dans l'alcool. Le souvenir, le sourire de Chloé. Je creuserai la terre pour arracher les racines de sa folie, de leur folie, de ma folie. Nager, surnager, vivre, vivre. Je me perds, je m'égare, je sens le fil de la vie s'étirer. L'autre n'existe pas, j'embrasse toujours la même femme. Le temps se moque de nous, rien de différent. La mère ou la fille, je suis le jouet de la fatalité. Sorcières de feu. Est-ce moi le démon ? Courir, courir et ne plus jamais me retourner. Boire encore un verre. Je rejoins leur folie, je bois, je bois.

***

Chloé me regarde. Je voudrais tellement le croire.
Je revois la dernière scène de ce film si bouleversant : la chambre d'hôpital, la femme blessée couchée sur le lit blanc, absente, et le regard de l'amant, si triste si aimant, l'amour qui remplit l'écran, et l'amant étouffe l'aimée avec un coussin pour l'arracher définitivement à la folie. Je pense à Othello qui étouffe l'aimée pour s'extraire lui-même de la folie.

Je suis incapable de les imiter, je ne suis pas assez courageux.

Je parle.

J'ai vu ta mère. Elle vit dans un asile. Elle n'est pas vraiment folle, tu sais. Elle n'est pas tout à fait en accord

avec la réalité. Tu devrais peut-être la rencontrer... Vous avez beaucoup de choses à vous dire. Je suis certain qu'au fond, elle t'attend. Vous vous ressemblez beaucoup. Dès que tu seras sortie, je t'emmènerai là-bas. Tu veux ? Tu me manques, Chloé, parle-moi... Tu as les mêmes yeux qu'elle, le même vert... Tu es si belle...
Je m'épuise, les mots s'éteignent dans ma gorge. Chloé ne m'entend pas, Chloé n'est plus là, je pleure, il me reste les larmes.

Je l'ai perdue.

J'ai perdu Chloé. J'ai perdu Eva.

***

Elles sont mortes. Au même instant. À la même heure, la même minute, la même seconde. Si le temps est un lieu de rencontre, alors, elles se sont enfin retrouvées.

Chloé s'est jetée du quatrième étage de l'hôpital. Une fenêtre mal fermée, une ouverture oubliée, une échappée. Eva s'est ouvert les veines dans sa baignoire.

Cadavres. Sang.

Je regarde le visage de ma femme comme s'il ne m'avait jamais appartenu. Il ne m'a jamais appartenu. Je l'ai cherchée. Toutes ces années. Ébauche de lien. Serré. Ma gorge est nouée. Les fils de sa vie se déroulent sous mes yeux vidés d'amour. Je ne parviens pas à les suivre, je ne peux pas les retenir. Sans force. Elle m'abandonne. Je suis si seul. L'amour a-t-il existé ? Ais-je rêvé les yeux ouverts ? Les siens sont fermés. J'ai peur d'oublier leur vert.

***

Le rêve est tenace. Il me poursuit.

La chair. Chair de sa chair, chair de ma chair. Les enfants sont vivants...

Elles sont mortes. Et moi, je n'ai rien compris.

Trois : Eva et Pierre

C'est un homme extraordinaire. Je suis dingue de lui. Coup de foudre.

J'étais attablée dans ce bistrot avec un de mes amants. Il m'a présentée. Je l'ai immédiatement reconnu. C'est une célébrité. J'étais très excitée par cette rencontre, je ne le montrais pas. Lui, il ne cachait pas son attirance, ses regards insistants me flattaient. Il parlait beaucoup mais ne disait rien d'important, ce qui l'intéressait c'était la musique de sa voix, l'effet qu'elle produisait sur moi. Je lui étais déjà entièrement acquise, il l'ignorait. Tout en lui me plaisait. Ses yeux bleu profond, son immense bouche, ses mains fortes et puissantes, ses épaules mûres. Il m'a demandé de poser pour lui. Je n'ai pas hésité une seconde.

Nous sommes devenus amants dès le premier jour. Nos corps s'attiraient, presque malgré nous, irrésistiblement, inévitablement. C'était fort et violent, c'était doux et fragile, miel et sang.

Je n'ai plus eu d'autre amant

Je me suis installée chez lui, dans son atelier, en plein cœur de la ville. J'ai cessé toute activité. Je ne pose plus que pour lui. Nuit et jour. Il est passionné par son travail. J'existe, à travers ses tableaux. Je ne me suis jamais sentie autant aimée. Ses regards incessants, ses caresses, sa violence. Il me comble.

***

La ville le fatigue. Il a besoin de calme, de silence.

Il a acheté une maison à la campagne, au bord de la mer.

Je suis heureuse. J'ai hâte de découvrir les paysages, les odeurs, la beauté. Il est si enthousiaste, il m'a entièrement convaincue. Je l'accompagnerais jusqu'au bout du monde. Je sens déjà le vent du large sur ma peau.

***

Il m'aime moins. La mer l'emporte. C'est elle qui l'intéresse, c'est elle qu'il peint, c'est elle qu'il regarde. J'apparais de moins en moins sur ses toiles.

Elle s'impose et je ne peux pas l'affronter. Mais c'est moi qui suis dans son lit, sur ce terrain, elle est impuissante. C'est à moi qu'il fait l'amour. Je l'excite toujours autant. Nos retrouvailles sexuelles ont de plus en plus souvent un caractère sacré. Il me prend avec distance. Il traite mon corps comme un objet d'adoration, un objet de culte, un objet de sacrifice, aussi. J'aime ça.

Je m'ennuie. Je le provoque. Souvent, il me repousse, trop absorbé par son travail. Je souffre. Je ne dis rien.

Les autres me manquent, les hommes surtout. Je le sais aujourd'hui, j'aimais leurs regards sur notre couple. Ils le faisaient exister. Il m'aimait mieux en leur présence. Il me possédait exclusivement. Envers eux. J'ai besoin de lui appartenir. À lui plutôt qu'à un autre. Le temps me semble long. Je m'ennuie.

***

Une femme vient régulièrement acheter ses tableaux. Elle est très riche et très belle. Aujourd'hui, sa fille l'accompagnait. Très jeune, très belle aussi. Douce et fière. J'ai vu qu'elle lui plaisait.

J'aurais voulu lui arracher les yeux, les lui fermer à jamais, lui interdire de plonger son regard dans le sien.

Elle est charmante. Charmante et détestable.

Quand elles sont parties, il a été pris d'un désir violent, il m'a fait l'amour sauvagement, bestialement. Il n'a pas retiré ses vêtements, c'est à peine s'il a écarté mon slip. Il m'a possédée profondément. Il ne voulait pas voir mon visage, c'est elle qu'il baisait.

Elle accompagne chaque fois sa mère maintenant. Elle l'observe innocemment, vicieusement. Il effleure souvent ses bras, ses épaules, son dos. Innocemment. Vicieusement. Elle vibre. Tout son être est désir de lui.

Souvent, quand elles s'en vont, il me prend. Je sais que ce n'est pas moi qui le fais bander. Je la hais.

Sait-il à quel point il remplit ma vie ?

Il m'aime, il me le dit.

***

C'est l'été. Nous attendons des amis pour les vacances. Je suis impatiente.

Rémi est là. Il est venu avec sa femme, une belle brune, un peu hautaine.

Je pose pour lui l'après-midi. Je retrouve le crépitement des appareils photo. Je souris, je me déhanche, je marche, je me penche, je tourne la tête, je tourne la tête, la tête me tourne. Le bonheur.

Je l'aime, je l'embrasse, je le touche devant Rémi et son épouse. Voyez comme nous sommes heureux.

Je surprends un regard de Rémi. Je lui plais encore.

Cet après-midi, j'ai fait l'amour avec Rémi, sur la plage. Séance de pose qui dégénère. Je connais si bien cette situation. Il me désirait. J'aime tant répondre aux désirs des hommes. Il a dévoré ma peau. Plateau de fruits exotiques. J'étais belle, j'étais femme.

***

Je lui ai tout avoué. Les baisers, l'amour sur le sable…
Il a jeté Rémi et sa femme dehors, il les a mis à la porte en les injuriant, furieux, déchaîné. Et il m'a battue. Il m'a d'abord frappé le visage, gifles, claques, puis, il a cogné. Mes côtes, mon ventre, mes seins, mes cuisses. Je pleurais, je criais, je le suppliais, je goûtais le sang qui coulait dans ma bouche. C'est soudain que le désir est apparu, qu'il s'est fait jour, entre le sang et les griffes. Le plaisir a pris la place de la douleur, lentement, fatalement. Je me suis entendue lui demander de continuer, de frapper encore. Il a alors frappé mes seins dénudés, il a arraché ma jupe et il m'a baisée brutalement esclave lui aussi des caprices du désir. J'ai joui.

***

Tout est différent, maintenant.

Il me frappe souvent avant de me faire l'amour. Nous aimons ça, tous les deux.

Ses tableaux s'en ressentent. Beaucoup plus de violence.

Je me suis imbriquée dans son œuvre, à nouveau. Je reconnais, sur ses toiles, les hématomes qui ornent mes flancs, les griffes qui bardent mes seins.

Je lui appartiens, je le sens. Il m'aime.

***

Elle est revenue avec sa mère. Très femme. Elle impose sa féminité toute nouvellement achevée.
Il lui a demandé de poser dans l'atelier.

Il voulait que je sois là. Elle s'est déshabillée. Il désirait la peindre nue. Elle s'est exécutée.

Quand il a commencé à la toucher, je me suis levée pour partir. Il m'a ordonné de rester.

Je n'ai pas supporté.

Je n'ai pas supporté ses doigts sur cette peau jeune et lisse, je n'ai pas supporté les soupirs de la femme, docile, je n'ai pas supporté son sexe tendu entre les cuisses roses, blanches à l'endroit où ses mains s'enfonçaient dans la chair. J'ai coincé mes doigts dans ma bouche pour ne pas hurler.

Mes jambes tremblent. Je sens le sang battre dans mes tempes, sous mes paupières. Elle a fermé la porte, elle est partie. Enfin. J'hurle. Je me roule par terre. Je frappe le sol de mes poings. Je voudrais les planter à l'intérieur de mon ventre pour ne plus souffrir.

Il ne comprend pas. Je suis coincée par une morale petite bourgeoise. Venant de moi, une telle réaction le surprend. Il me croyait plus ouverte, plus libérée. Vivre une expérience comme celle-là ne peut qu'enrichir notre relation, la transformer, lui donner une nouvelle impulsion. Le sexe a toujours été important entre nous, je dois le suivre, je dois accepter.

Je ne dis rien.

Elle revient souvent, mais il ne me demande plus de regarder.

Je m'enferme dans ma chambre. Je ne peux pas m'empêcher d'entendre. Je me coince un drap entre les jambes pour combler le vide, pour calmer la douleur.

***

Il me bat encore. Ça me plaît toujours autant.

J'essaie de ne plus penser à la jeune fille.

***

Je suis enceinte.

Je ne veux pas de bébé.

Il est fou de joie. Il veut que je garde l'enfant. Il dit : un enfant, c'est la vie, c'est l'amour en soi, c'est la consécration de notre amour.
Je le crois, un peu.

***

Il est doux à présent. Il me caresse de long en large avec une douceur et une tendresse extrême.

Il dit : il était temps que cela cesse, notre folie

Il dit : pardon

Il dit : je t'aime

Je grossis. Méduse enflée. Je me déteste.

Il veut que je pose. Je déteste les tableaux. Ce n'est pas moi qu'il peint. C'est *l'autre*.

Quatre : Pierre

Pourquoi j'ai cessé de peindre?

On m'a souvent posé la question. Je n'ai jamais accepté d'y répondre.

Je vais mourir. Je me sens si vieux. C'est peut-être le moment de me libérer…

Et puis, elles sont si mortes…

J'ai eu une fille, vous savez? Elle était très belle, très intelligente. Très tendre, très secrète aussi. Elle ressemblait tant à sa mère…

Je dois vous parler d'Eva.

***

…

Excusez-moi, je retiens moins bien les larmes depuis quelque temps, l'âge et l'incontinence…

Je l'ai beaucoup aimée.

Elle était folle. C'est attirant, la folie. C'était une folie discrète. Contenue. Les autres n'en apercevaient que les contours, son charme. Moi, ma peinture la révélait. Tout ce que j'ai peint, à cette époque, c'était sa folie. Sa beauté et sa folie. Sa beauté égalait sa folie. Elle plaisait beaucoup aux hommes. J'étais très fière de posséder une femme que tous désiraient.

Les premiers moments ont été merveilleux.

***

…

Puis, nous avons déménagé…

Elle n'aimait pas l'océan. Et nous vivions trop seuls, trop cloisonnés.

Sa folie m'a atteint. Inéluctablement. Notre passion est devenue délire. Destruction. Paradis et enfer.

Enfermement.

...

Je ne peux pas parler de cette période... Je me fais horreur. Et en même temps, ... c'était notre amour...

***

J'ai repris pied avec l'enfant, avec sa grossesse. Je peignais avec moins de rage. Je la redécouvrais. Je rêvais d'une autre vie avec elle, plus «normale». Une famille.

Je l'ai associée à mes rêveries sans son consentement.

Elle ne désirait pas l'enfant.

Plus son corps s'arrondissait, plus elle me plaisait et plus elle m'échappait.

***

Elle s'est occupée de Chloé. Mère parfaite. Elle la nourrissait, la changeait, la lavait, la soignait, ... Elle la gardait des journées entières dans les bras. Collées l'une à l'autre. Mère kangourou. Il manquait quelque chose pourtant.

Elle l'aimait sûrement. À sa façon. Elles se ressemblaient tant et elles se comprenaient si bien. Elle devinait toujours les désirs de sa fille, elle les sentait. Elle n'avait pas besoin d'entendre le son de sa voix, elle n'avait pas besoin de regarder son visage...

Quand Chloé a grandi, elle était très proche d'Eva. Trop. Elle l'accompagnait partout. Elle devançait, elle aussi, les attentes de sa mère. Elles n'étaient qu'une seule personne, une femme enfant. Elles ne se parlaient pratiquement pas, cela n'était pas nécessaire.

…

J'ai insisté pour que ma fille rejoigne l'école, elle avait déjà six ans. J'ai dû m'opposer à Eva. Faire face à sa détermination. Elle avait enfermé notre enfant dans son monde. Elle l'aimait d'un amour animal, dangereux. L'école était la seule façon de soustraire ma fille à l'emprise de sa mère. Chloé est rentrée à l'école et ma femme s'est repliée sur elle-même. Escargot.

Chloé a tout de suite aimé l'école, elle n'avait jamais eu de compagnons de jeux et elle découvrait les autres avec avidité. Elle admirait ses professeurs, elle avait des tas de copains et copines. Elle est devenue très indépendante.

Elle s'est peu à peu éloignée de sa mère, elle lui ressemblait moins…

Je crois qu'Eva acceptait sa fille tant qu'elle était un prolongement d'elle-même.

***

C'est vrai que depuis la grossesse, déjà, elle avait changé. Plus terne. Moins vivante. Dépressive, peut-être.

Je m'éloignais d'elle aussi. Ma fille me passionnait.

Il y a eu la jalousie…

***

Je n'ai jamais su ce qui avait libéré la folie. Elle était en germes depuis longtemps… Simplement, elle a éclaté.

***

Je ne me rappelle plus votre question… Ah oui… ! Pourquoi ai-je cessé de peindre ?

J'y viens, j'y viens.

Ce n'est pas si facile. Il faut faire remonter les souvenirs à la surface. Certains sont si bien enterrés...

Elles étaient seules ce soir-là. J'avais dû me rendre en ville.

Elle a brûlé mes tableaux. Elle les a aspergés de pétrole avant d'y mettre le feu. Chloé a voulu l'en empêcher, elle était si petite, si fragile, elle l'a aspergée de pétrole, elle aussi...

***

Ce sont des voisins qui ont sauvé ma fille. Ils ont accouru quand ils ont vu les flammes. Ils ont pu étouffer le feu qui s'était emparé de la chemise de nuit de Chloé. Les médecins ont limité les dégâts... Elle en a toujours gardé des traces...

***

Eva a été internée. Elle a été reconnue coupable de tentative d'infanticide volontaire mais les psychiatres ont jugé qu'elle était irresponsable.

Elle est restée à l'asile jusqu'à sa mort..., son suicide.

Je n'ai jamais été la voir.

Je n'ai plus jamais pu peindre.

...

***

Voilà, c'est assez pour aujourd'hui. Il faut me laisser à présent. Il est tard.

Épilogue

Deux enfants jouent sur la plage. Ils dessinent des formes avec des coquillages. Ils les enfoncent dans le sable mouillé, les disposent en fonction de leur couleur, de leur taille. Couleurs ocres et roses sur fond gris.

Un homme est agenouillé à leurs côtés. Il les regarde. Il sourit.

Du même auteur chez le même éditeur

L'île berceau, Coll. Fulgurances, 2005

Guère d'homme, Coll. Fulgurances, 2007

Du même auteur chez d'autres éditeurs

Petit Tom et l'embrouillamini, Éditions Tandem, 2008

D'autres auteurs chez le même éditeur

Dans la collection *Fulgurances*

La Langoureuse, Étienne Éthaire, 2003
Alissia Lone, Étienne Éthaire, 2004
Même les anges ont du sang sur les ailes, Vincent Flajac, 2004
Kartouch, Nicolas Crousse, 2005
Coxyde, Rémi Bertrand, 2006
Le désir demeuré, Christine Aventin, 2006
Beaux-Arts, Christophe Léon, 2009

Dans la collection *Exaltations*

Voxy Lady, Nicolas Crousse, 2003
Voxy Man, Véronique Navarre, 2003
Playgirl, Emmanuelle Jowa, 2004
Casting, Étienne Éthaire, 2006
Le monde est une chanson, Guy Delhasse, 2008

Dans la collection *Dérapages*

Des Fous et des Rois, Patrick Legrand, 2005
Portraits crachés, Jean-Pierre Verheggen, 2005
Récit plastique, Nathalie Gassel, 2008
Ecoloco, une alter-friction, Christophe Léon, 2008
Écran plat, Christophe Léon, 2009

Imprimé en Belgique.
D/2004/9673/5
ISBN 2-930377-04-6
Ce volume, le cinquième de la maison d'édition, le troisième de la collection *Fulgurances* a été achevé d'imprimer en mars 2009 sur les presses de l'imprimerie Snel à Lège. C'est le deuxième tirage de ce titre initialement paru en février 2004.